I0098560

7

LK 2522.

TRANSLATION A DOUAI

D'UNE RELIQUE

DE

S. JACQUES LE MAJEUR

LE 9 MARS 1862

AVEC

NOTICE SUR CE SAINT APOTRE

LA DÉPOSITION DE SES PRÉCIEUX RESTES, ETC., ETC.

DOUAI.

DECHRISTÉ, IMPRIMEUR-ÉDITEUR,

rues du Four et Jean-de-Bologne.

— 1862 —

S. JACQUES

P. P. N.

SAINT JACQUES le Majeur, Apôtre, frère de l'Evangéliste saint Jean, naquit à Beth-Saïda, près de la mer de Galilée. Saint Mathieu nous dit quel fut le père de saint Jacques, lorsqu'il nous raconte la vocation de cet Apôtre par le Sauveur : « Jésus, » s'avançant plus loin, vit deux autres » frères, Jacques, fils de Zébédée, et Jean » son frère, dans une barque, avec Zébédée » leur père, occupés à réparer leurs filets, » et il les appela (1). » Origène, en rapprochant divers textes de saint Mathieu et de saint Marc, croit devoir conclure que la mère de saint Jacques et de saint Jean était Salomé, et cette conclusion paraît être fort légitime (2). Saint Jacques est appelé *le Majeur,* à cause de sa priorité sur l'autre saint Jacques, aussi Apôtre, dans l'ordre de leur vocation à l'apostolat.

Saint Jacques le Majeur reçut de N. S. des marques nombreuses d'une confiance et d'une tendresse toutes particulières.

Il était là quand Jésus guérit de la fièvre

(1) S. Math., ch. 4, v. 21.
(2) Voir les textes rapprochés dans les Bollandistes, *Acta Sanctorum,* 6e vol. de juillet.

la belle-mère de saint Pierre, et quand il ressuscita la fille de Jaïr; il fut un des trois témoins de la glorieuse transfiguration du Sauveur sur le mont Thabor. A cause de leur zèle extraordinaire et de la grandeur de leur amour, Jésus donna à saint Jacques et à saint Jean le nom de *Boanerges*, enfants du tonnerre, pour désigner, nous disent les Pères, la force, l'étendue, l'éclat de leurs prédications futures.

Jacques et Jean eurent d'abord un zèle trop humain et comprirent fort mal l'esprit de J.-C. Ils voulaient faire descendre le feu du ciel sur les habitants de Samarie, et ils méritèrent d'être repris par le Seigneur : « Vous ne savez pas à quel esprit vous appar- » tenez ; le Fils de l'homme est venu sauver » les âmes, et non point les perdre (1). » Ils eurent aussi d'abord une ambition toute humaine, et ils suggérèrent à leur mère cette démarche qu'elle fit auprès de Jésus, pour lui demander qu'ils fussent l'un et l'autre ses deux premiers ministres dans son royaume (2). C'est alors que J.-C. leur fit une leçon profonde sur l'humilité, comme il leur en avait fait une autre sur la douceur, et ils comprirent enfin le véritable caractère de la loi qu'ils devaient plus tard annoncer aux hommes.

(1) S. Luc, ch. 9, v. 54.
(2) S. Marc, ch. 10, v. 35 ;—S. Matt, ch. 20, v. 20.

Après avoir reçu le Saint-Esprit au jour de la Pentecôte, les Apôtres se dispersèrent en se partageant le monde à conquérir. L'Eglise a conservé la mémoire de cet événement par une fête qu'elle permet à plusieurs Ordres de célébrer, le 15e jour de juillet, sous le titre de *Divisio SS. Apostolorum*. Saint Jacques le Majeur eut en partage l'Espagne, qu'il évangélisa, après avoir, en passant, jeté la semence de la vérité en divers pays, notamment, sans doute, dans l'Italie du nord, et peut-être dans le midi des Gaules (1). Il y organisa une chrétienté dans laquelle, plus tard, saint Pierre put choisir et établir les sept évêques qui continuèrent l'œuvre de notre Saint. De retour à Jérusalem, il fut, à cause de son zèle et de la liberté avec laquelle il prêchait le règne de Dieu, particulièrement remarqué par le roi Hérode, et c'est l'auteur inspiré qui nous raconte le martyre de saint Jacques le Majeur, quand il nous dit, au 12e chapitre des Actes des Apôtres : « Dans ce même temps (sous » le règne de Claude), le roi Hérode se mit » à en affliger plusieurs dans l'Eglise. Il fit » frapper par le glaive Jacques, frère de » Jean. »

(1) V. la longue et savante dissertation des Bollandistes sur la prédication de saint Jacques en Espagne, tome 6e de juillet, pages 69-114.

Saint Jacques fut donc le premier des martyrs du Collége Apostolique ; il était jeune encore, et souffrit la mort pour la foi de J.-C. l'an 43 ou 44 de l'ère chrétienne, dix ans seulement après l'ascension du Sauveur.

La tradition nous rapporte qu'il convertit son dénonciateur lui-même en allant au supplice, et que son corps, pieusement recueilli par les fidèles, fut en secret confié à un vaisseau qui le transporta en Espagne, à l'endroit même où il avait surtout prêché l'Evangile. On l'y ensevelit dans un tombeau de marbre où il fut honoré, surtout après les persécutions, et cet endroit fut peu à peu appelé du nom même de l'Apôtre : Saint-Jacques (en Galice), ou Compostelle, abrégé de S. Jacobus *Apostolus*. On peut consulter, pour toute cette partie générale de la vie, du martyre et des reliques de saint Jacques, le tome 6e de juillet des Bollandistes, qui ont consacré près de 200 colonnes in-folio à l'examen de cette importante question.

Les mêmes auteurs, d'accord avec nos traditions locales, nous disent que plus tard, très-probablement sous Charles-le-Chauve, le chef de saint Jacques le Majeur fut détaché du reste du corps vénéré et donné à un roi de France, qui, à son tour, en fit don à l'abbaye royale de Saint-Vaast d'Arras.

Les Bollandistes, et en général ceux qui ont parlé du chef de saint Jacques, tels que

Rayssius et le P. Malbrancq, se sont appuyés
sur le récit qu'a fait des événements qui
s'opérèrent au moyen-âge, autour de ce chef,
un auteur contemporain, témoin oculaire et
acteur même dans ces événements, le moine
de Saint-Vaast Guimannus ou Guimann, ou
Wimann. Or, il existe encore aujourd'hui,
dans les archives de l'évêché d'Arras, une
copie du récit de cet auteur, magnifique
manuscrit in-folio sur vélin. Les archives du
département du Pas-de-Calais possèdent
aussi le même récit dans un autre manuscrit de Guimann (1).

Le moine de Saint-Vaast d'Arras raconte,
dans un récit plein de charme, que depuis
un grand nombre d'années le précieux chef
de saint Jacques reposait à l'abbaye de Saint-
Vaast d'Arras, lorsque l'abbé Ledwin, qui
tint la crosse de 1020 ou environ jusqu'à
1041, ayant fondé un monastère à Berclau,
il y transporta le chef de saint Jacques. 140
ans après, à la suite de démêlés sans nombre
où prirent part de très-hauts personnages,
le chef fut rapporté à Arras. A peine y était-
il, que Philippe, qui, avec son frère Thierry,
avait la domination sur la Flandre et le Ver-

(1). Voir l'*Histoire du chef de saint Jacques le Majeur*,
par M. l'abbé Van Drival, chanoine, directeur du grand
séminaire d'Arras, membre de l'Institut des Provin-
ces et de plusieurs autres Sociétés savantes. Br. in-8°
avec pl. Arras, impr. Tierny. 1860.

mandois, s'en empara et le transporta à Aire, dans l'église de Saint-Pierre. Le comte lui-même se réserva le droit de tenir la clé de la châsse et ne la confia à aucun autre. Ce fait se passa le 13e des calendes de juin, l'an 1116. Six ans plus tard, après des négociations où le Pape lui-même intervint, le chef de saint Jacques fut rendu à l'abbaye de Saint-Vaast d'Arras, le 3e jour des nones de janvier. L'anniversaire de ce jour devint plus tard, tous les ans, l'objet d'une fête solennelle, que le seigneur abbé institua, dans son église, à la prière du Chapitre (1).

« Réjouissons-nous, frères bien-aimés, » s'écrie le bon et digne religieux de Saint-Vaast en commençant son récit, « réjouis-
» sons-nous dans le Seigneur et soyons tous
» remplis d'une joie spirituelle ; sa main
» puissante a éloigné de nos cœurs les noirs
» nuages, sa bonté a rasséréné nos regards :
» le chef de saint Jacques, frère de saint
» Jean l'Evangéliste, ce trésor si regretta-
» ble et si regretté, que depuis longtemps
» on nous avait enlevé, vient de nous être
» rendu avec bien plus de gloire et de bon-
» heur que nous ne pouvions l'espérer.

(1) Nous trouvons encore cette fête, dit M. l'abbé Van Drival, dans le *Rituale Vedastinum* de 1675, sous le titre de *Relatio sancti Jacobi* ; elle est au nombre des fêtes appelées *duplicia in cappis*.

» Vous m'ordonnez de vous entretenir de la
» découverte, de l'enlèvement et de la rela-
» tion de cette tête sacrée ; vous voulez que
» par mon faible ministère la postérité ap-
» prenne un jour, dans cette même église
» de Saint-Vaast, ce qui s'y est passé sous
» nos yeux. Il faut, pour cela, reprendre les
» choses de plus haut, et dire quelque chose
» du mérite et de l'excellence d'un aussi
» grand Apôtre..... »

Une partie du chef de saint Jacques fut
toutefois concédée au comte de Flandre, à
sa prière, lorsqu'il restitua à Arras la précieuse relique dont il s'était emparé. Le
comte en fit don à l'église d'Aire. Le crâne
fut scié horizontalement à la hauteur des
arcades sourcilières jusqu'au-dessus du con-
duit auditif. L'église d'Aire demeura en
possession de la face, à l'exception du front.

Une peinture murale, qui occupe toute
l'ogive du fond de la chapelle de Saint-Jacques, à Aire, retrace l'histoire complète du
chef du saint Apôtre. M. l'abbé Van Drival,
dans son ouvrage précité, donne une savante
description de cette peinture (1), qui est divi-
sée en deux parties bien distinctes : celle du
haut est comme le titre et le frontispice de

(1) Une magnifique planche, parfaitement exécutée
par un artiste douaisien, accompagne le texte de M.
Van Drival.

toute l'histoire, et les quinze compartiments du bas renferment cette histoire elle-même.

La châsse contenant le chef de saint Jacques se trouve sous l'autel, dans la chapelle particulière de Mgr. l'évêque d'Arras. On y voit des pièces nombreuses qui en attestent l'authenticité, avec cette inscription imprimée sur parchemin : *Caput venerandum B. Jacobi Majoris Apostoli D. N. J. C.* Mgr. de La Tour d'Auvergne-Lauraguais, évêque d'Arras, en avait fait un procès-verbal de reconnaissance, le 13 décembre 1802. Le 14 août 1806, le même prélat ordonne et constate la déposition de la précieuse relique dans une nouvelle châsse.

Enfin, le lundi de Pâques 1858, en présence de Mgr. Parisis, évêque d'Arras, une commission fit l'ouverture de la châsse, afin de placer le chef dans une autre plus belle et plus digne d'un si grand trésor. Ce chef fut trouvé dans un état admirable de conservation. On y voit encore les traces de la scie qui en a séparé la partie antérieure, et, dans un nouvel et minutieux examen qui s'en fit deux jours après, avec l'aide de M. le docteur Dehée, on reconnut qu'il restait du chef entier les parties suivantes : l'os frontal, moins les arcades sourcilières ; les deux pariétaux ; l'os occipital ; la majeure partie des os temporaux ; la majeure partie de l'os sphénoïde. La tête est celle d'un homme jeune encore.

Après cette reconnaissance, le chef fut enveloppé avec le respect et les honneurs convenables, et on le déposa dans la nouvelle châsse.

Le 25 février 1862, à la demande de M. l'abbé Bataille, doyen-curé de Saint-Jacques, à Douai, Mgr. l'évêque d'Arras accorda à cette paroisse une relique de saint Jacques. Voici le texte de l'acte authentique délivré par le vénérable prélat :

Petrus-Ludovicus Parisis, miseratione divina et sanctæ Sedis Apostolicæ gratia, episcopus Atrebatensis, Boloniensis et Audomarensis;

Universis et singulis præsentes litteras inspecturis, notum facimus ac testamur, quod ad majorem Dei Omnipotentis gloriam sanctorumque venerationem, nec non fidelium pietatem augendam, recognovimus particulam sacram è capite sancti Jacobi Majoris Apostoli ex authenticis locis extractam, quam reverenter reposuimus in thecâ argenteâ figuræ ovalis ab anteriori parte cristallo munitâ, à posteriori vero benè clausâ et filis sericis rubri coloris colligatâ sigilloque nostro obsignatâ, prælaudatam que Reliquiam in quâcumque ecclesiâ vel oratorio publicè fidelium venerationi, de consensu cujus interest exponi permisimus.

Datum Atrebati sub signo vicarii generalis nostri sigilloque nostro ac secretarii episcopatûs nostri subscriptione, anno Domini millesimo octingentesimo sexagesimo secundo die vero mensis, februarii vigesima octava. PROYART, *vic.-gen.*

De Mandato Ill. ac Rev. DD., Episc. Atrebatensis, Boloniensis et Audomarensis:

Place
du sceau. TERNINCK, *can. sec. gen.*

Vidimus, probavimus et executioni mandari permisimus.

6 martii 1862. † R.-F., *arch. Cameracensis.*

TRANSLATION SOLENNELLE

DE LA RELIQUE

DE SAINT JACQUES LE MAJEUR

PROVENANT DU CHEF DU SAINT APOTRE

et donnée à la paroisse de Saint-Jacques, à Douai, par M⁹ʳ. PARISIS, Evêque d'Arras.

La translation de la relique de saint Jacques le Majeur, autorisée par lettre de M⁹ʳ. l'Archevêque de Cambrai, en date du 26 février 1862, aura lieu en cette paroisse le 9 mars, premier dimanche de Carême, à trois heures de relevée.

Un sermon, analogue à la circonstance, y sera donné par le R. P. Marie-Hippolyte, de l'ordre des Carmes. Ce sermon sera précédé du chant d'un seul psaume et du *Magnificat*.

Afin qu'une plus nombreuse assistance puisse profiter de cette pieuse cérémonie, chaque fidèle n'aura droit qu'à une chaise.

Aussitôt après le sermon, une procession parcourra les nefs du lieu saint; puis on célébrera un court Salut et on donnera la bénédiction du T.-S. Sacrement.

ORDRE DE LA PROCESSION.

La croix et deux acolytes.
Bannière : N.-D. d'Espérance.

———

STATUES DES SAINTS
particulièrement vénérés dans la paroisse, avec leurs reliques.

LE CHEF DE S. CHRÉTIEN.

Saint Chrétien est né à Douai vers l'an 1200 ; il fut prêtre et chantre de l'église Saint-Albin. La tradition nous apprend qu'il s'est fait remarquer principalement par sa charité envers les pauvres et sa piété filiale. On a perdu les actes de sa vie ; mais son culte et plusieurs confréries érigées en son honneur prouvent que les fidèles ont de tout temps reconnu sa sainteté. Les femmes en travail d'enfant l'invoquent, ainsi que ceux qui souffrent des fièvres opiniâtres.

Son tombeau existait, avant la révolution de 1793, à l'église Saint-Albin, dans un caveau pratiqué sous la nef principale. En 1800, on voyait encore la demeure du Saint : c'était la maison faisant le coin de la rue des Potiers et de la rue Saint-Benoît.

Le malheur des temps ayant fait disparaître l'église Saint-Albin, les précieuses reliques furent perdues ; mais par un bonheur providentiel, le chef du Saint, qui était conservé dans un reliquaire particulier, échappa à la destruction et fut remis entre les mains de M. l'abbé Gavelle, ancien chanoine de l'insigne église collégiale de Saint-Amé et notaire apostolique. L'authenticité de cette relique était prouvée par une attestation de l'évêché d'Arras du 19 avril 1751.

Le 5 mai 1813, le vénérable M. Levesque, ancien chanoine de Saint-Amé, devint doyen-curé de Saint-Jacques, et le mois suivant il recevait avec joie, des mains de son ancien collègue, M. l'abbé Gavelle, en présence des administrateurs de cette paroisse, la relique de saint

Chrétien, dont le culte se rétablit en vertu de l'approbation de Mgr. Belmas, évêque de Cambrai, en date du 2 juin 1813.

———

S. MAURAND.

Saint Maurand, patron de la ville de Douai, naquit en 634 ; il était fils de saint Adalbald, duc de Douai, et de sainte Rictrude, issue d'une des plus illustres maisons d'Aquitaine, et petit-fils de Clotaire, roi de France. Il comptait dans sa généalogie treize rois, neuf reines et un grand nombre de ducs. Mais les vertus n'étaient pas moins héréditaires dans la famille du Saint, car ses trois sœurs, comme son père et sa mère, sont honorés d'un culte particulier dans l'Eglise. Son illustre naissance, jointe à une grande capacité, lui promettaient dans le monde la plus brillante fortune. Ses parents l'envoyèrent à la cour de Clovis II ; il y passa plusieurs années, et devint chancelier du royaume. Il était seigneur de Douai, et hérita d'une immense fortune à la mort de son père.

Etant retourné en Flandre, il se proposait de conclure un mariage dont le contrat avait déjà été dressé ; mais Dieu se servit, pour l'arracher au monde, de saint Amand, évêque de Maestricht, qui était alors dans le monastère d'Elnon. Maurand se retira dans le monastère de Marchiennes, fondé par sa mère ; il y reçut la tonsure cléricale des mains de saint Amand. Peu après, il fut diacre et prieur de Hamage, près Marchiennes, fondé par sa bisaïeule, sainte Gertrude, duchesse de Douai.

Il bâtit, en 674, le monastère de Breuil, sur sa terre de Merville, au diocèse de Thérouane, et lorsqu'il fut achevé, on le chargea du soin de le gouverner en qualité d'abbé. Ce fut là qu'il reçut saint Amé, évêque de Sens, qui, sur de faux rapports, avait été déposé de son siége par le roi Thierry III. Il profita beaucoup dans la compagnie de ce saint évêque. Son respect pour lui était si grand qu'il lui résigna son abbaye, afin de vivre sous sa conduite ; mais il fut obligé de reprendre sa place après la mort de saint Amé, qui arriva en 690. Il était à Marchiennes, lorsque Dieu l'appela à lui, le 5 mai 706, dans la 72e année de son âge. Au 9e siècle, son corps fut transporté de Marchiennes à Douai, dans la collégiale de Saint-Amé.

S. AMÉ.

Saint Amé, né de parents riches et d'une grande piété, devint évêque de Sens en 669. Il occupait ce siége depuis cinq ans, lorsqu'il fut accusé injustement près du roi Thierry III, qui l'exila à Péronne, dans un monastère dirigé par saint Ultan. Douze ans après, le roi l'en fit sortir pour l'envoyer en Flandre, sous la garde de saint Maurand On confia à saint Amé la direction spirituelle des monastères de Marchiennes et de Hamage. En ce même temps, saint Amé évangélisa la ville de Douai et les campagnes voisines. (V. *Hist. des SS. ducs et duchesses de Douai*, p. 93.) De là il se fixa à l'abbaye de Merville, où saint Maurand l'obligea à prendre en sa place la direction du monastère. C'est là qu'il mourut le 13 septembre 690. Inhumé d'abord à Merville, son corps fut transporté à Douai, en 880, et déposé dans l'église qui prit alors le nom de saint Amé.

———

Bannière : Reine des Martyrs.
Les élèves de Mme de Saint-Auban.

———

S^te. LÉOCADIE.

Sainte Léocadie ou Léocade, vulgairement nommée sainte *Languenne*, parce qu'on a principalement recours à son intercession dans les maladies de langueur, naquit à Tolède, ville d'Espagne, vers la fin du 3e siècle. Elle appartenait à une famille très-distinguée, et était le modèle des vierges chrétiennes. Elle fut arrêtée par ordre du président Dacien, qui la fit comparaître devant lui et usa de tous les moyens imaginables pour la faire renoncer à Jésus-Christ et adorer les idoles. Dacien, outré de ce que ni douceur ni menaces n'avaient pu l'ébranler, mit Léocadie dans un affreux cachot, après l'avoir fait cruellement flageller. Elle demeura quelque temps dans sa prison, et y rendit son âme à Dieu le 9 décembre 305, sous les empereurs Dioclétien et Maximien.

Les fidèles l'inhumèrent du mieux qu'ils purent, et quand la paix fut rendue aux chrétiens, ils dédièrent trois églises de Tolède à sainte Léocadie.

Le corps de sainte Léocadie demeura plusieurs années à Tolède ; il fut plus tard transporté en Flandre et mis dans un monastère de l'ordre de saint Benoît, nommé Celles, fondé par saint Ghislain, près la ville de Mons, en Hainaut. Les habitants de tous les pays circonvoisins obtinrent de grands bienfaits par l'intercession de la Sainte, spécialement contre la peste dont ils étaient fort affligés. Le 15 octobre 1500, une relique de sainte Léocadie fut rendue à Tolède ; enfin, le saint corps fut rapporté en cette ville par ordre du pape Grégoire XIII et à la prière de Philippe II, roi d'Espagne. Cette rentrée solennelle se fit le 26 avril 1589, sous le pontificat de Sixte V, qui ordonna que la fête de cette translation fût célébrée dans la ville et l'archevêché de Tolède.

Une parcelle des restes précieux de la Sainte était conservée, avant la révolution de 1791, dans la chapelle des Dames de l'abbaye des Prés, en la ville de Douai ; elle se trouve aujourd'hui dans l'église Saint-Jacques.

Douze petites filles, vêtues de blanc, portant les emblêmes des Apôtres.

Bannière : Reine des Apôtres.
Instruments du martyre de S. Jacques.

RELIQUE DE S. JACQUES,

PORTÉE PAR SIX FRÈRES DES ÉCOLES CHRÉTIENNES.

Enfants de chœur.
Chantres.
Choristes.
Le clergé.

—⊗ FIN ⊗—

Douai. — DECHRISTÉ, imprimeur-éditeur. — Mars 1862.